INTERVENTION.

CRITIQUE D'UN ÉCRIT RÉCENT

DE M. LE COMTE D'HARCOURT,

EX-AMBASSADEUR DE FRANCE EN ESPAGNE,

A RAISON DE L'INTERVENTION ;

PARTIE HISTORIQUE DE LA CONSTITUTION DE 1812,

Traduit de la langue espagnole,

Par S.- P.- A. Pelleport ,

EX-OFFICIER AU SERVICE DE L'ESPAGNE ET MEMBRE DE LA LÉGION-D'HONNEUR.

PARIS,

IMPRIMERIE DE H. FOURNIER,

RUE DE SEINE Nº 14.

1835.

L'ESPAGNE ET L'AMÉRIQUE
EN PROGRÈS.

FIN DE LA LÉGISLATURE ESPAGNOLE DE 1834.

INTERVENTION.

CRITIQUE D'UN ÉCRIT RÉCENT DE M. LE COMTE D'HARCOURT,

EX-AMBASSADEUR DE FRANCE EN ESPAGNE, A RAISON DE L'INTERVENTION;
PARTIE HISTORIQUE DE LA CONSTITUTION DE 1812.

TRADUIT DE LA LANGUE ESPAGNOLE,

PAR J.-P.-A. PELLEPORT,

EX-OFFICIER AU SERVICE DE L'ESPAGNE ET MEMBRE DE LA LÉGION D'HONNEUR

AVANT-PROPOS.

Ancien officier au service de l'Espagne, qui a été pendant plusieurs années ma patrie adoptive, et que j'aime à l'égal de ma mère-patrie; j'ai pris à cœur de traduire en français quelques esquisses espagnoles intitulées *l'Espagne et l'Amérique en progrès*, et écrites avec un talent et un patriotisme très remarquables.

Bercé dans l'espoir que l'esquisse qui traite de l'intervention, pourra coopérer à éclairer et à fixer l'opinion publique sur cette question si ardue, si palpitante d'intérêt, et qui occupe si sérieusement la diplomatie européenne; je m'empresse d'en offrir la traduction aux vrais amis d'une liberté sage et éclairée.

Quant à moi, quoique trop éloigné du théâtre politique de l'Espagne pour juger les pièces et les acteurs ; je pense, toutefois, que le juste-milieu européen, dont le juste-milieu français n'est qu'une très faible appendice, est prédestiné à mourir sur le sol de la Celtibérie. Les passions ardentes et le caractère tenace et énergique de la nation espagnole s'accommodent fort peu des demi-mesures, des quasi-libertés et du juste-milieu.

L'Espagne ne peut exister que sous le despotisme africain, ou sous une liberté américaine. C'est au temps et non à la diplomatie qu'il est réservé de prononcer sur la question espagnole qui n'est pas encore posée entre les absolutistes et les constitutionnels. Il n'y a de visible, jusqu'à ce jour, que la guerre napolitaine et monacale. Les Espagnols se battent et ne font pas de protocoles.

A. PELLEPORT,

N° 38, rue Belle-Chasse, faub. Saint-Germain.

Paris, ce 20 juillet 1835.

FIN

DE LA LÉGISLATURE ESPAGNOLE

DE 1834.

INTERVENTION.

Déjà les législateurs espagnols sont retournés chez eux. Les inventeurs de la machine législative de 1834 l'ont gardée justement le temps nécessaire pour la remplir de boue, et ils l'ont mise de côté comme un instrument usé lorsqu'elle n'a pu en contenir davantage.

Allez, allez dans vos foyers, racontez vos exploits, énumérez les bienfaits dont vous avez gratifié le peuple ; faites valoir votre servilité si éprouvée, que le dernier degré d'ignominie auquel elle devait conduire ne l'a pas même ébranlée. Et vous, Espagnols, souvenez-vous comment vos prédécesseurs accueillirent les députés tels que ceux de 1834 ; gardez-vous de consentir à ce que l'on répète une semblable comédie législative, si dégradante pour la dignité que toute ame élevée attache à l'idée de la représentation nationale.

Qu'on nous indique une seule amélioration de cette époque (si toutefois on en a réalisé quelqu'une) qu'un ministre absolu, n'importe lequel, n'eût pu mettre à exécution sans le secours des Cortès? Régénérer la nation, élever, à partir de la base, un édifice social, comme le dit l'hypocrite discours royal, est chose que ne peut faire aucun ministre à notre époque et qui est seulement possible à la force de la nation concentrée dans ses représentans. Eh ! comment les Cortès espagnoles n'ont-elles pas même eu l'idée la plus superficielle de cette importante mission ? Le souvenir de ces Cortès ne sera-t-il pas gravé dans l'histoire du pays, comme un insigne monument de stupidité ? Pourquoi donc le gouvernement les convoqua-t-il? Pour tromper le peuple et donner une apparence de légalité populaire à ses iniquités; les Cortès ont rempli ce mandat sans rien laisser à désirer.

Pourquoi, dira-t-on, s'acharner autant contre les hommes qui enfin se rapprochent plus du peuple que ces courtisans qui, ministres de tout pouvoir, les séduisent ou les effraient? Oui, c'est contre les fausses représentations nationales qu'il faut désormais se révolter; les ministres n'ont d'autre charge que de plaire à la cour et satisfaire leur amour-propre et leur égoïsme; mais que les députés accordent la sanction du peuple pour ces mêmes abus contre lesquels le peuple leur permet d'user de son pouvoir souverain, que ceux-là mêmes, qui sont le plus en point de contact avec le peuple, le trahissent, c'est une félonie impardonnable et qui eût déjà arraché toute confiance dans la vertu du régime représentatif, si on ne savait qu'il n'a pas existé jusqu'à présent une véritable représentation, ni une véritable action populaire, capables de corriger le pouvoir, lorsqu'il veut dévier du droit chemin. Les bassesses et les absurdités commises par les corps faussement appelés représentatifs, sont celles qui préparent le retour vers l'absolutisme et non les efforts des patriotes: efforts que ceux-là appellent anarchie; mais ils sont inculqués dans la nature de l'esprit humain comme nécessaires pour assurer le passage à un autre ordre de choses, où la liberté ne sera plus une fiction et où le pouvoir sera fort, parce qu'il marchera d'après les inspirations de la liberté.

Malédiction et opprobre aux *procuradorès* espagnols, qui, sans garantir aucune liberté au peuple, ont débuté par l'accabler de toutes les charges contractées par le despotisme, et ont fini par le soumettre à l'intervention étrangère !

Mais l'intervention a-t-elle été une mesure décrétée ? N'a-t-on pas clos la session des Cortès *ex abrupto*, précisément pour ne pas discuter avec elles cette question ?

Et qui a soutenu le ministère, dont les actes pernicieux ont abouti à demander l'intervention ? Qui a laissé passer impunément les représentations fabriquées dans les conciliabules du quartier-général ? Lorsqu'on proposa de demander compte aux ministres de leur gestion, qui substitua à la demande patriotique une demande de courtisans, en votant un message approbatif du gouvernement et dénigratif du peuple (1) ? et qui, après avoir éteint, pour ainsi dire, les esprits avec cet artifice, se livrant avec une trompeuse apparence à l'investigation proposée, qui, dis-je, se renferma purement dans la question d'humanité à laquellerien ne pouvait donner lieu, pour ne pas agiter la question politique, malgré les contra-

---

(1) Et il fallait que ce fussent les grands patriotes, les chefs de l'opposition, les *ultra* exaltés, les *Galiano* et *Arguelles* qui se déclarassent satisfaits et contens! Ainsi le monde se désabusera, et nous avons assez dit pour le désabuser.

dictions si patentes du ministère ? Les Cortès partagent donc, conjointement avec le ministère, la honte et la responsabilité d'avoir demandé l'intervention étrangère ; si elle ne s'effectue point, ce ne sera pas leur faute ; et si le ministère, en transmettant confidentiellement aux députés tout ce qui lui convient, n'a pas osé leur communiquer officiellement et exiger leur approbation dans la forme légale, il ne l'a point fait dans la crainte d'une résistance qu'il était assuré de ne pas trouver, mais bien par la peur que lui inspiraient les tribunes publiques, d'où le peuple l'eût appelé traître, comme il eût pu l'appeler dès le jour où il vendit la souveraineté nationale au despotisme domestique ; et comme il l'eût certainement fait le jour où, se voyant livré à la politique du despotisme étranger, il eut connu, dans toute leur extension, les résultats du régime que les *procuradorès* lui ont imposé.

Nous ne pouvons pas nous séparer de cette session sans faire remarquer l'étrange logique développée par cet insigne orateur et poète, qui, d'après le *Journal des Débats*, s'éleva, dans ce moment, au-dessus de lui-même ! D'abord il parla de la responsabilité des ministres, en disant qu'elle était nécessaire pour la stabilité du trône, et qu'il était disposé à s'y soumettre, mais en ayant le soin d'ajouter que cette responsabilité ne devenait réelle que lorsqu'on veut satisfaire un sentiment d'animosité et de rancune contre les ministres. Ceci, traduit en termes bien clairs et justifié par tout ce qui est survenu pendant le régime du statut royal, veut dire : « Nous, ministres du trône, nous ne devons pas nous occuper des garanties du peuple, si ce n'est de celles du trône, et nous consentons, si quelquefois il prend fantaisie aux anarchistes de critiquer les actes du gouvernement, à ce qu'ils satisfassent leur manie de trouver des torts plutôt envers nous qu'envers le trône ; mais mieux vaudrait, pour la stabilité du trône, qu'ils renonçassent pour toujours à toute espèce de critique et qu'ils laissassent en paix le trône et les ministres. »

Pour ce qui concerne l'intervention, après avoir fait marcher en avant la phrase obligée, *qu'il ne permettrait jamais que les étrangers se mélassent des affaires du pays*, ce ministre fit une contre-marche à l'abri de cette tête de colonne, en insinuant qu'il saurait se prévaloir des secours étrangers, que les traités lui donnaient le droit d'invoquer. Quelle est la nature de semblables secours et en quoi consiste la coopération que l'on a substituée au mot mal sonnant d'intervention ? nous le verrons bientôt, parce que nous nous proposons d'approfondir cette question de secours étrangers sous tous ses aspects.

Et pour commencer par un fait positif, rappelons-nous d'abord que l'entrée des troupes étrangères en Espagne a été demandée réellement, et qu'elle a été sollicitée sans l'autorisation des Cortès : rappelons-nous aussi que la sage constitution de 1812, en présence du bouleversement social produit par le procédé anti-national du gouvernement qui fit l'étranger arbitre de la nation espagnole, a défendu expressément l'entrée des troupes étrangères sans le consentement de la représentation nationale. Sans nous arrêter à l'insolente et stupide arrogance de ceux qui, à une distance si rapprochée des époques, dédaignent les leçons de l'histoire, nous, qui ne connaissons d'autre base légale du gouvernement espagnol que la constitution, nous dirons sans déguisement que les ministres ont agi comme des traîtres à la nation ; nous dirons plus, c'est que la trahison n'en existerait pas moins, quand même les Cortès eussent donné leur consentement ; parce qu'étant les valets de la légitimité et non les cautions de la souveraineté nationale, elles n'auraient pas eu de pouvoir à cet effet. Que les sophistes, qui sont insensibles aux démentis que leur donne à chaque instant l'évidence des faits, y réfléchissent mûrement, lorsqu'ils prétendent, d'une manière imperturbable, que la souveraineté du peuple n'est plus qu'un son vide, sans application à la politique positive.

Le *Journal des Débats* et tous ceux qui lui ressemblent en dedans et en dehors de l'Espagne, font, au gouvernement du statut royal, la faveur de le traiter de constitutionnel. Eh bien ! nous, nous leur faisons, pour un instant, la grâce de raisonner sur la supposition d'un gouvernement constitutionnel non fictif, mais réel. Personne ne contestera qu'il y a une différence énorme entre cette espèce de gouvernement et les gouvernemens absolus, différence qui pourrait s'exprimer avec la seule différence de ces deux paroles : les peuples et les rois. Dans le gouvernement légitime et absolu, les peuples n'ont pas à examiner qui les gouverne et comment on les gouverne ; le trône a une existence qui lui est propre, indépendante, dont les besoins et les convenances sont la règle de tous les intérêts. Voilà la véritable légitimité ; et comme elle ne connaît d'autre arbitre dans l'intérieur qu'elle-même, elle n'en connaît pas d'autre non plus dans les questions extérieures. Non seulement le roi est maître de disposer de son royaume par abdication ou par testament, d'invoquer le secours étranger et de l'employer selon sa fantaisie ; mais encore, quand les dépositaires de la légitimité se querellent les uns avec les autres (ce qui arrive tous les jours, malgré l'infaillibilité de son droit divin), la légitimité des autres rois se croit autorisée à choisir le parti qui lui paraît le plus légitime (on se sert toujours de ce mot quoiqu'il ne serve qu'à couvrir de pures convenances), sans que le peuple dont on traite puisse avoir une opinion sur le sort qui lui est réservé. Dans le véritable système constitutionnel, c'est tout l'opposé : là, le peuple est celui qui a une existence particulière; et ses intérêts sont ceux qui servent de règle suprême, parce que s'il n'y avait pas de peuple, il n'y aurait pas de gouvernement ; et l'existence de celui-ci se fonde seulement sur l'utilité et la convenance de celui-là. D'un autre côté, si chaque peuple reconnaît ses maximes pour lui-même, il doit les reconnaître aussi pour les autres, sous peine de tomber en contradiction avec lui-même : ainsi, il en résulte que les peuples se respectent mutuellement, et ne se mêlent en rien dans leurs affaires particulières, s'ils ne sont appelés par une voix vraiment populaire et en accomplissement de la loi générale de la fraternité, fortifiée parfois par des traités spéciaux. Nous, nous ne connaissons pas de milieu entre ces deux systèmes; et comme les trônes appellent crime de haute trahison tout ce qui infirme leurs priviléges, nous pourrions donner le même nom à tout ce qui est subversif des droits imprescriptibles du peuple. Néanmoins, l'usage général a consacré ce mot trahison plus spécialement à l'action de ceux qui vendent les intérêts nationaux à l'étranger, parce qu'un sentiment naturel nous dit que les maux intérieurs d'une nation peuvent trouver un remède dans son sein même ; mais que l'influence de l'étranger ne peut jamais agir dans d'autre intérêt que dans celui de l'étranger influent, et que par conséquent appeler un voisin fort et organisé à mettre la paix chez une nation désorganisée et privée de ses ressources, c'est la livrer, avec les pieds et les poings liés, à la volonté de l'étranger. Ainsi, dans les actes de politique intérieure, quoique désastreux et dignes de blâme, on peut encore admettre la possibilité d'une erreur ; mais celui qui aliène un droit, un intérêt national en faveur d'un étranger, est généralement considéré comme un traître. Résoudre la question d'intervention étrangère, et surtout d'intervention armée, nous paraît une chose si épineuse et de si grande transcendance, que nous ne la voudrions pas voir confiée même à la représentation nationale ordinaire, alors qu'elle serait réelle. Nous croyons que dans ce cas il faudrait user de précautions extraordinaires ; mais des députés intrus (*a*) s'arroger ce pouvoir, ce ne serait rien moins qu'une insigne trahison.

Il est vrai que les sophistes politiques ont inventé un troisième

(*a*) *Voy.* pour les notes à la page 27.

système d'après lequel, sans avoir besoin d'une règle suprême, il suffit de reconnaître comme un fait pratique la co-existence des rois et des peuples ; chacune des deux parties ayant ses attributions particulières (on évite le mot droits), plus ou moins bien combinées, et le pouvoir public fonctionnant de cette manière par une espèce de loi de nécessité qui découle des circonstances, sans savoir précisément le but qu'il atteindra ; parce que dans ce système tout est le résultat du fait, sans s'occuper du droit que néanmoins le plus fort ne laissera jamais d'invoquer, parce qu'il a en son pouvoir la manière de l'interpréter. Comme ici tout se réduit à un pur fait (*b*), si par hasard ceux qui contribueront à l'établissement d'un gouvernement, viennent à oublier l'insertion d'un petit article sur le passage des troupes étrangères ; il est clair que le gouvernement a la faculté de le permettre et même de l'invoquer ; n'est-ce pas lui qui doit faire mouvoir la société, et ne lui appartient-il pas, dans des circonstances urgentes, de suppléer de fait aux lacunes qui se trouvent dans le droit public ?

La négation d'une règle suprême, je veux dire la négation de la souveraineté populaire, conduit à ces funestes conséquences. Tout ce système bâtard, qui veut retrancher au peuple tout le pouvoir, n'est rien moins qu'une trahison ; et nous donnerons avec raison ce nom, à un acte qui renferme en lui plus spécialement les caractères de trahison, comme nous l'avons déjà démontré.

Si l'on admet ces idées comme justes, que dirons-nous des representations sorties du quartier-général de *Valdès*, lançant des bravades contre les prétendus anarchistes, et demandant le secours étranger contre l'ennemi sous les armes ? Le général ne sut-il pas connaître que d'après son acte, il n'y avait pas de plus grand anarchiste que lui ? Dans un régime vraiment libéral, qui ne méconnaît dans aucune profession l'état principal de citoyen ; nous concevons que la force armée, non comme telle, mais comme une classe de citoyens, exprime une opinion politique. Mais dans le système de la légitimité bâtarde, ou du constitutionalisme bâtard, comme l'entendra le *sénor Valdès* qui le sert ; comment peut-il permettre ces délibérations écrites et signées dans son armée, et destituer même ceux qui ont de la répugnance à y prendre part (*c*) ? Était-ce par hasard un délit de penser qu'il eût été plus honorable de battre les carlistes qui étaient en face, que d'outrager les anarchistes qui existaient ou n'existaient pas dans la capitale éloignée (*d*) ?

La situation du général *Valdès* était-elle si désespérée, lorsqu'il signa si à la hâte la demande de secours étrangers ? n'avait-il pas encore quarante mille hommes et toutes les places fortes ? et surtout n'avait-il pas derrière lui *l'amour ardent* de tous les Espagnols pour le statut royal et ses insignes défenseurs?

Parlons sérieusement ; les forces numériques, la possession des places, l'abondance des moyens, les ressources quasi-intactes de tout le reste de l'Espagne, étaient encore si évidemment en faveur du gouvernement de la reine, que tout autre gouvernement eût mis sa confiance à en tirer parti, en améliorant seulement quelques ressorts. Les étrangers mêmes, qui voient les choses de loin et en gros, ne peuvent pas comprendre ce cri subit d'alarme ; en conséquence l'Angleterre a su adroitement se prévaloir de ce que le *casus fœderis* n'est pas encore arrivé. Ce que l'Angleterre ne sait pas ou ce qu'elle feint de ne pas savoir, c'est l'entière absence de discipline militaire et de zèle civique, parce qu'on s'est étudié à les négliger. Le gouvernement le sait ; mais il sait aussi qu'il est impuissant pour y porter remède ; et voilà pourquoi il veut des gendarmes étrangers pour l'aider à gouverner.

Le soldat espagnol vit et sympathise avec le peuple plus que dans tout autre royaume : le despotisme de *Ferdinand*, endoctriné par celui des étrangers, essaya de l'isoler; et jamais il ne put l'obtenir. Le soldat y entretient, plus que dans tout autre pays, certains rapports avec les officiers auxquels il a donné dans beaucoup de circonstances des témoignages surprenans de loyauté et de désintéressement : il commence par écouter et finit par prendre part dans les discussions qui agitent le peuple ; il est témoin des dissensions et des faiblesses de ses chefs ; il s'unit parfois avec les sergens contre les officiers ; mais ceux-ci sont sûrs de le ramener, s'ils ont eux-mêmes de la conviction et de la probité. Cette expérience a été faite dans plusieurs régimens depuis 1820, et au temps de l'invasion étrangère ; toute l'armée était prête à défendre très décidément la constitution. On dit que le soldat espagnol est indiscipliné ; mais on a donc perdu le souvenir de ces anciens régimens espagnols, jusqu'à la bataille de Rocroy, et aussi l'état brillant des troupes avant 1808 et dans les années 11, 12, 13 et 14 de la guerre de l'indépendance? et l'armée de l'île de Léon? Enfin les causes sociales et politiques qui modifient l'esprit public, influent en Espagne d'une manière très sensible sur le moral du soldat. Nous ne nierons pas que les fautes purement militaires, le service mal fait, tendent à perdre la discipline ; l'inexpérience de la plus grande partie des jeunes officiers est certainement un mal, quoique le nombre disproportionné des victimes de cette classe, prouve au moins pour leur honneur. Les campagnes inutiles que l'on entreprit au commencement, avec des moyens peu proportionnés à la situation politique, commencèrent par fatiguer et chagriner le soldat; mais l'armée se démoralisa notamment sous le commandement des deux derniers généraux en chef; depuis qu'on ajouta la persécution des patriotes, le régime de l'espionnage, à des malheurs militaires et à l'immoralité de quelques chefs, et l'influence qu'auront nécessairement dans les camps de la Navarre les évènemens de Madrid où le gouvernement manifesta qu'il voulait soutenir son funeste système aux dépens du sang du peuple et du soldat, compléta cette démoralisation. S'il y avait une véritable justice parmi les hommes, les individus, qui, froidement et pour soutenir le thème de leur entêtement, prolongent les sacrifices de tant de victimes, mériteraient bien plutôt de mourir d'un coup de fusil ou sur l'échafaud, que ceux qui se croient forcés à soutenir avec les armes à la main ce système objet de leur répugnance, ou les infortunés qui font quelques tentatives malheureuses pour secouer le joug qui les dégrade.

C'est de cette manière qu'on perdit l'Espagne en 1823; et c'est ainsi qu'on la perdra en 1835, si les patriotes ne se lèvent en masse et assez à temps pour la sauver. Combien n'applaudit-on pas le gouvernement pour avoir employé les patriotes, les émigrés et les exaltés, comme on les appelait; mais nous qui connaissions l'histoire de l'époque constitutionnelle et les catégories (e) de l'émigration, nous ne pûmes rejeter de funestes pressentimens, ni les empêcher de percer dans nos publications.

Par ce qui se passe dans la nation, nous expliquons ce qui se passe dans l'armée. Comment celle-ci pourrait-elle avoir l'unité de valeur et de l'exaltation, si elle manque dans l'autre? Le statut royal, fondé sur une base despotique, armé sans cesse du *veto* omnipotent contre tout symptôme de mouvement, dépourvu de l'intérêt que lui donnerait une administration prospère et fertile en améliorations palpables, ne réunit pas seulement les suffrages d'une seule population espagnole : ses louanges se sont réfugiées dans les journaux subventionnés, dans les échos concertés des compères du gouvernement, dans les applaudissemens stupides de quelques idiots de Madrid, qui se contentent avec un sourire ou un manteau d'hermine. Plus le gouvernement et ses séïdes prennent le ton de l'aristocratie, et plus ils sont les *parias* de la société, parce qu'ils forment dans son sein une assemblée à part; et que d'un autre côté, ils ne sont en point de contact avec personne, hormis ceux qu'ils peuvent attirer avec l'appât de l'intérêt personnel. A-t-on entendu une seule exclamation spontanée de vive le statut royal? On a crié souvent vive la reine Isabelle! vive Christine! et on ne croyait pas

l'offenser, en disant vive la constitution! parce que l'opinion
publique, supposant à la reine la bonne volonté de donner la liberté
à l'Espagne, connaît aussi que la constitution, déjà nationalisée
dans le pays, est le meilleur moyen pour obtenir ce bienfait : le
peuple croit donc, à tort ou à raison, que la reine, bien conseillée,
eût signé la constitution, aussi bien que le statut; mais qu'étant
femme et étrangère, elle a dû se fier aux hommes qui l'entouraient;
et comme il est dans la nature de la vie de courtisan et du régime
monarchique de traîner avec elle l'inconvénient de ne donner
accès qu'aux classes séparées du peuple; on plaint encore la reine
d'avoir été livrée à cette caste, dont les conseils finiront par la
perdre, comme les évènemens le démontrent déjà (*f*). Mais il est
naturel que le peuple ne veuille pas être toujours un témoin muet
des calamités publiques, et qu'il veuille faire pénétrer sa voix
dans l'intérieur de ces séjours mystérieux, où la fausseté et
l'égoïsme s'enferment avec les rois. Comment peut-il le faire lorsque toute espèce de voie légale lui est fermée, si ce n'est par le
moyen des émeutes? Si les émeutes retombent sur sa tête, au lieu
de réveiller dans les entrailles royales le sentiment du devoir et
l'amour du peuple, il faut que les émeutes deviennent des révolu-
tions, et qu'elles chassent par la force ceux qui se placent entre le
trône et le peuple. Heureux encore le trône, si on n'a pas perdu
toute confiance en lui et s'il n'est pas emporté par le torrent du
désespoir populaire !

Et, quels sont ceux qui se croient assez forts pour arrêter les
cris et les besoins de toute une nation; nous disons de toute une
nation, parce qu'il n'y a que des carlistes ou des constitutionnels
en Espagne. Qui sont-ils? Un *Gilblas*, fait archi-prêtre de la
bourse et président de bals; un Don Quichote ressuscité, entouré
de quelques prosélytes insensés comme lui; un certain nombre de
comédiens qui font semblant de représenter le peuple, alors qu'ils
ne représentent rien, ni seulement eux-mêmes, parce que la plus
grande partie n'a aucune conviction du système qu'ils soutiennent;
une cohue d'affamés et d'employés; enfin quelques pusillanimes
qui croient devoir faire ce sacrifice aux circonstances. Avec ces
élémens appliqués à un système nul par lui-même, dominés en
outre par les influences étrangères, dirigées dans divers sens; il est
très facile d'expliquer comment le gouvernement se rend à lui-
même la justice de connaître qu'il est incapable de tirer parti des
immenses ressources de la nation, et que la seule chose qu'il
peut produire, c'est une dissolution sociale, dans laquelle les
partis populaires prenant leur mouvement national, on verra dis-

paraître le juste-milieu, sans que personne note du moins son absence. Voilà le motif pour lequel il a appelé le secours étranger; mais, par la même raison, il laisse connaître que cette prétendue coopération serait un véritable joug imposé à l'Espagne, à l'aide de cent mille baïonnettes et d'une occupation générale et prolongée : c'est pour cela que nous disons vrai, quand nous nommons trahison, cet appel fait à la force étrangère. La question est arrivée à ces termes, que toute intervention d'un autre gouvernement pour troubler les affaires d'Espagne, dans le moment où elles vont suivre leur cours naturel, empêché jusqu'à ce jour par les artifices d'une faction qui s'est emparée du pouvoir, serait un véritable acte d'hostilité contre la nation.

On a parlé d'une occupation partielle, comme par exemple de quelques places. Si les garnisons étrangères de ces places doivent se maintenir parfaitement neutres entre tous les partis, permettant à tous ou à aucun le passage de troupes, munitions, argent, etc., leur remise sera plus préjudiciable qu'utile aux Christinos; et ceux-ci ne pourront pas même s'excuser avec le prétexte de l'utilité qui résulterait pour le gouvernement, de la félonie d'avoir livré les places espagnoles à des puissances étrangères, dont la politique, dans une époque de si grandes vicissitudes, où rien n'est de droit et où tout est de fait, devra naturellement dépendre de circonstances difficiles à prévoir. Si au contraire, les garnisons doivent aider à la défense du gouvernement contre tous, et quels que soient ses ennemis; qui ne voit qu'elles seront alors exposées aux hostilités du parti qui domine le pays, soit carliste, soit constitutionnel, et qui tiendra les places comme bloquées? Et si l'on juge que le gouvernement veut et a besoin d'être soutenu, non-seulement sur un point, mais dans tout le royaume, l'illusion d'une occupation très limitée sera dissipée bientôt. Nous croyons que le gouvernement français ne l'a jamais voulue; et le journal l'*Abeille* demande peu, quand il demande seulement l'entrée rapide comme un éclair de soixante mille Français, à moins qu'il ne soit sous-entendu qu'on fournira successivement les renforts qui seront nécessaires.

Nous arrivons jusqu'à ce point; et il nous reste encore beaucoup à dire, en développant davantage quelques idées que nous avons indiquées dans le chapitre qui précède celui-ci, lorsque nous apprîmes que l'on avait décidé, bien plus tôt qu'on ne l'avait cru, que pour le moment on n'interviendrait pas. Par suite, on répandit le bruit d'un changement de politique dans le gouvernement de Madrid; lequel gouvernement, graces au comte de *Toreno*, et avec l'appui du camp de *Mallen*, sur lequel on comptait, et auquel on s'était empressé de vouloir imposer des conditions, devait abandonner le système de la résistance, et se mettre à la tête du progrès. Mais ce qui commença à occuper bientôt une portion de l'attention publique, fut l'attitude du parti constitutionnel dont on avait affecté jusqu'alors de ne pas parler. Et rien ne prouve plus l'importance qu'il acquit à l'instant même; c'est que le *Journal des Débats* ne tarda pas à lancer contre lui ses mensonges et ses calomnies accoutumés, pendant que les journaux libéraux et la *Nouvelle Minerve*, organe d'une fraction considérable de l'opposition parlementaire, paraissaient le mettre sous leur protection.

Nous n'avons aucun motif pour effacer ce que nous avons écrit sur l'intervention, c'est-à-dire sur une question qui se reproduira sous diverses formes et dans différentes circonstances; aussi, continuerons-nous d'examiner les affaires de notre patrie, sous l'aspect qu'elles présentent dans ce moment.

Nous ne connaissons pas encore l'effet que produira en Espagne les nouvelles du refus de l'intervention française. Un des argumens qu'employait le *Journal des Débats* pour les conseiller; c'était qu'une fois demandée, la non-acceptation porterait un coup mortel à la considération du gouvernement de Madrid. Nous ne comprenons pas, en effet, comment ce dernier s'est exposé à un mépris si grave, parce que de semblables demandes ne sefont qu'autant qu'on est d'accord sur la réponse. Si la diplomatie des señores *Martinez de la Rosa* et *Toreno* n'a pas bien compris l'instruction préalable qu'ils reçurent du cabinet des Tuileries, et qui, si nous sommes bien informés, démontrait seulement de bonnes intentions pour un avenir plus éloigné; si cette diplomatie a voulu lui forcer la main; si de nouvelles circonstances ont donné à la réponse une autre tournure que celle qu'on attendait, nous n'osons pas débrouiller tout cela; la considération du gouvernement de Madrid, pour nous et ceux qui pensent comme nous, n'avait rien à perdre; il l'avait tellement perdue avant, que nous fûmes les premiers à le prévenir que son ancre d'espoir pourrait bien lui manquer. Si d'autres ont été effrayés de ce contre-temps, ils méritent bien peu d'être plaints; nous le considérons comme une juste punition, si les coryphées du statut royal n'ont recueilli autre chose, si ce n'est précisément l'ignominie des démarches honteuses qui devaient servir pour appuyer et justifier une démarche si étrange. Plût à Dieu que cette manière d'agir fasse disparaître l'épaisse cataracte qui obscurcit la vue de quelques-uns de nos concitoyens! Nous sommes certains que les tels gouvernans voudraient bien et feraient des sacrifices pour que ce qui a été fait, ne fût pas fait ; il est possible que l'on ordonne à présent au général *Valdès* d'être intrépide, comme ils lui auraient commandé auparavant d'être fanfaron et ensuite humble et plaintif ; mais il est déjà tard, et il est tard aussi s'ils comptent sur le secours des légions étrangères.

Serait-il possible que le gouvernement portât le mépris de la nation, et sa propre dégradation, jusqu'au point de se mettre en parallèle avec les gouvernemens les plus tyranniques et les plus corrompus, comme celui de Carthage, de Perse, du Bas-Empire, qui n'ont jamais pu se passer de mercenaires étrangers ? En vérité, celui qui se rappelle ce qu'a été Carthage, et ce qu'est aujourd'hui le gouvernement de la bourse de Madrid, ne sera pas surpris qu'ils aient les mêmes idées. Répandez, banquiers, répandez de nouveaux millions dans cet abîme toujours ouvert ; conduisez des mercenaires pour défendre des emprunts contre les anathèmes du prétendant ; laissez de côté la brave nation espagnole. Sans doute elle n'est pas courageuse, sans doute elle ne vaut pas le peu de dépenses nécessaires pour l'armer, et que vous êtes obligés de centupler pour enrôler des mercenaires ; sans doute ce mélange confus de toutes les nations de l'univers, sans principe ni but, n'est pas l'anarchie ; mais la constitution ou les juntes provinciales le seraient, la nation espagnole qui pour vous a sans doute si peu de valeur, est néanmoins assez bonne pour lui sucer le sang ; et elle possède des trésors inépuisables pour payer toutes les absurdités et toutes les cupidités. Appelez, quand vous aurez vu l'inutilité de vos efforts ridicules et tardifs ; appelez, dis-je, l'orateur saltimbanque, le comte de *Toreno*, pour qu'il vous console avec la nouvelle phrase : « que les banquiers paient aussi les erreurs des peuples » ; des banquiers à des rois, la différence aujourd'hui est bien minime ; et, en vérité, on ne sait quels sont des deux, les véritables rois.

La légion d'Afrique, il est possible qu'elle débarque à Cadix, à Alicante, ou bien mieux à Barcelone, où commande *Llauder*, l'homme de confiance des alliés ; elle ne sera pas très utile contre les carlistes, mais elle pourra faire le service de la police chez ces peuples, qui désirent si ardemment la liberté ! Il est vrai que les aventuriers belges, anglais, irlandais, etc., se sont bien battus sous les ordres de *don Pedro*, mais ils étaient en minorité à côté d'une force nationale ; et ils étaient contenus par la présence d'un chef qui vivra dans l'histoire, et de plus enflammés par un objet digne de l'enthousiasme des hommes libres. Malgré tout, quelle fermeté, quelle prudence ne fallait-il pas pour utiliser leurs services et éviter des désordres !

Nous connaissons une autre classe d'auxiliaires, mais les uns dédaignent de servir sous un drapeau équivoque et sale ; et les autres, quoiqu'ils s'y soient engagés par un compromis ; nous avons la conviction qu'ils ne figureront dans le contrôle des soldats auxiliaires que pour la parade, parce qu'ils sont trop libéraux pour qu'on ne se méfie pas d'eux. Nous en avons tellement la certitude, que si nous voyons entrer les Portugais en Espagne, nous leur conseillerons de bien prendre leurs mesures pour ne pas être désunis, démoralisés et sacrifiés.

Mais si l'on ne peut compter sur aucun de ces secours, *don Carlos* ne marchera-t-il pas sur Madrid? Vous, pour qui la nation n'est rien, vous devez le supposer. — Mais la France pourra-t-elle y consentir? et qu'y aurait-il d'extraordinaire par le temps qui court? ne rétablirait-on pas la loi salique? ne pourrait—on pas faire un mariage? la Sainte-Alliance n'applaudirait-elle pas? la paix européenne ne continuerait-elle pas? l'Espagne et même la France ne seraient-elles pas délivrées de ces patriotes qui font des conditions, et bien plus dangereux que les ennemis, d'après ce que dit le correspondant du *Journal des Débats*?

Il reste encore une ressource : on a si souvent trompé la nation avec des apparences libérales , et jamais ce moyen n'a manqué! Eh, bien! prouvons-le encore : précisément nous avons à Madrid un petit comité tout prêt qui, jusqu'à présent, n'a pas donné signe de vie; actuellement son heure est arrivée ; qu'on se mette en communication avec les patriotes du camp de *Mallen*, pour leur dire qu'ils demandent à la reine des institutions plus libérales. Là, est le comte de *Toreno*, homme politique, qui, si le poète *Martinez de La Rosa* a mis six mois dans son enfantement, saura différer le sien jusqu'à dix ou onze, pour mettre ensuite au monde un embryon semblable au premier. En attendant, voyons si, à compte des espérances données, et quoique cela soit aux dépens de certaines nécessités d'une mince valeur, nous pouvons mettre en circulation le sang et les valeurs des Aragonais, et d'autres aussi bons comme eux.

Nous avouons à nos lecteurs qu'il y a peu de dignité dans ce style : c'est une observation que nous nous flattons de ne pas avoir méritée jusqu'à ce moment ; mais quel est celui qui est capable d'être toujours pur, lorsqu'on est sans cesse en point de contact avec une sentine ?

Que tous ces fabricans d'institutions bâtardes se désabusent et qu'ils soient bien convaincus de l'inutilité de leurs efforts? L'Espagne n'est pas, comme la France et la Prusse, un pays de règlemens : on n'y gouverne pas avec des ordonnances ou des édits, rédigés dans la solitude d'un cabinet ou dans le conciliabule de quelques égoïstes ; on gouverne avec des institutions sanctionnées par la force de l'habitude ou par l'exaltation d'un sentiment national. La liberté était ancienne en Espagne, et elle ne périt que par l'exaltation du pouvoir, due à des succès extraordinaires, depuis *Ferdinand*-le-Catholique jusqu'à *Philippe II*. Il fallait encore que le fanatisme, qui passait alors pour religion, fascinât les esprits. Le despotisme s'enracina et se soutint à son tour, comme un usage qui paraissait inextirpable. La liberté exaltera encore les esprits, quand on la répandra en assez grande quantité pour que les masses puissent en ressentir les bienfaits ; et cela n'est possible aujourd'hui qu'avec ces applications-pratiques qui sont toutes comprises sous la dénomination de la souveraineté du peuple. Il faut que l'Espagnol soit animé par un intérêt moral ou par une passion, pour pouvoir le soumettre à cette discipline civile qu'on obtient dans d'autres pays avec une administration bien réglée depuis long-temps, et par la multitude d'intérêts réels, inhérens aux peuples industrieux et pleins de besoins.

L'enthousiasme de la liberté n'est donc pas une fièvre, comme le dit le *Journal des Débats*, mais bien une nécessité morale et par conséquent une force pour un peuple qui sent trop vivement, pour jamais apprécier en rien le fier et impertinent pédantisme de ce journal ; il faut détruire cet enthousiasme, comme on le fit lors de la dernière époque constitutionnelle, pour que l'absolutisme s'intrônise avec la facilité d'alors. Le journal cité prétend que cet enthousiasme ne produit que des chanteurs de *Tragala* et des excès ; mais qu'elle n'est pas capable de fournir vingt mille volontaires pour défendre la liberté et le système représentatif. Le *Journal des Débats* a-t-il oublié ce qu'il en coûta pour renverser la constitution en 1823 ? Il fallut qu'on préludât par tous ces coups mortels donnés à l'esprit public, dont nous avons parlé dans un de nos chapitres précédens ; il fallut qu'il y eût un roi traître, des ministres ignorans et des généraux vendus, pour disperser et inutiliser cent mille hommes disposés à défendre la constitution, et deux cent mille volontaires, qu'un autre gouvernement eût pu armer pour soutenir l'armée. Aujourd'hui même y a-t-il une seule province, excepté celles qui se sont soulevées, qui ne se chargeât d'en finir avec les carlistes dans son territoire, et d'envoyer des milliers de combattans sur le théâtre de la guerre, si on la laissait s'abandonner librement et se livrer tout-à-fait à son impulsion ? Pour ce qui concerne la *Tragala*, c'est une chanson dont parle le *Journal des Débats*, sans la connaître, une chanson qui est sortie du sein du peuple sans qu'on en connaisse l'auteur, due peut-être à la verve de quelque aveugle romancier et par cela même populaire, une chanson innocente et qui n'a jamais servi de signal pour des scènes sanglantes, comme la *Marseillaise*, à laquelle nous ne chercherons pas, malgré cela, à enlever son mérite transcendant. Que M. le journaliste sache bien que ce ne sont pas les chanteurs de la *Tragala* qui ont perdu l'Espagne, mais bien les aristocrates comme lui, qui, voulant se donner un air distingué, affectaient d'appeler *Tragalistas* les hommes du parti populaire; mais nous avons déjà réglé leurs comptes; et si M. le journaliste ne lit pas ce que nous écrivons, peu nous importe. Quant à ce qui a trait à la défense de la liberté et de la représentation nationale, le *Journal des Débats*, le *Constitutionnel* et autres semblables, sont seuls assez absurdes pour donner le nom de constitutionnel au quasi-gouvernement du statut royal; et encore le journaliste nous gronde par rapport à notre pessimisme, de vouloir tout ou rien : mais ces reproches ne changeront pas notre opinion. Il n'y a pas de milieu entre la légitimité dynastique et la légitimité nationale, entre les droits du trône et la souveraineté du peuple; et en outre, jamais les peuples n'ont été mieux disposés à accepter une pleine et entière liberté, que lorsqu'ils achèvent de secouer les chaînes de l'esclavage.

Comme il faut que nous soyons en tout d'avis contraire, nous adopterons l'optimisme que nous conseille le *Journal des Débats*, précisément pour les choses où il professe le pessimisme. Loin donc de désespérer du sort de notre patrie, nous sommes sûr et très sûr, que quand *don Carlos* parviendrait à s'établir dans la capitale, les constitutionnels ont assez de forces pour se soutenir dans les provinces et préparer le triomphe définitif de la bonne cause. Quoique la mauvaise manière de gouverner ait altéré l'esprit public dans certaines parties (*h*) et ait donné lieu à ce que la grande masse, guérie de son fanatisme, mais encore incertaine, se convertit de nouveau, là ou ici, à la foi de l'absolutisme, nous osons assurer que la liberté a pour elle l'immense majorité des habitans, excepté dans les provinces insurgées, (*l*) dans la Manche et une partie de la Castille; et il ne faut pas perdre de vue que les amis de la liberté, qui se sont abandonnés à donner la plus légère preuve de leurs honorables penchans, n'ont pas seulement à combattre pour leur opinion, mais encore pour leur vie et leur fortune. Qu'on établisse un centre énergique qui soulève les masses, ou que cela s'opère particulièrement dans les provinces; dans l'une ou l'autre hypothèse, il y aura trois cent mille libéraux armés qui

serviront d'appui à un aussi grand nombre de familles compro-
mises ; et ils entraîneront après eux le reste des habitans. *Barcelone* , *Alicante* , *Carthagène* et *Cadix* , *la Corogne* et *Santona*,
ne sont pas des places que don *Carlos* puisse prendre d'assaut.
Nous ne craignons pas la divergence d'opinion , parce que la constitution de 1812, quoique étant un drapeau connu et reconnu
déjà pour avoir sauvé deux fois l'Espagne de l'anarchie dans
laquelle on retomberait, si, dans le moment même d'une crise, on
voulait introduire différentes théories ; la constitution, disons-
nous, ne s'oppose à aucune modification que la nouvelle impulsion, partant probablement de la circonférence et non du centre,
amènerait naturellement avec elle; nous croyons plutôt que le
système fédéral est celui qui convient le mieux à l'Espagne (*m*),
et quand même quelques provinces proclameraient leurs priviléges
et Cadix la constitution; il n'y aurait pas d'impossibilité à s'ac-
corder après avoir établi une délégation centrale.

On nous fera peut-être une autre objection , et qui ne sera pas
sans quelque fondement. Les puissances du Nord ne se sont pas
opposées ouvertement à l'intervention française; mais imitant
l'exemple de la Grande-Bretagne dans diverses occasions, notamment
dans l'affaire de l'invasion projetée de l'Hispano-Amérique , en
1824, elles se sont réservées pour agir dans l'avenir , selon les
circonstances. Ceci, joint aux autres difficultés de l'intervention,
a suffi pour contenir le gouvernement français. Mais les calculs de
la politique ne peuvent s'arrêter à ce point. L'exercice d'une
espèce de protection ou d'influence permanente dans la Péninsule (*n*) est déjà devenu traditionnel en France; et cela même ag-
grave le délit de ceux qui demanderont l'intervention. Ne pouvant
pas exercer cette influence avec le juste-milieu de l'Espagne, qui
pourra garantir que le cabinet des Tuileries ne trouvera pas plus
tard plus avantageux de protéger (puisqu'il faut protéger quelque
chose) l'absolutisme, d'accord avec les puissances du Nord? Qui
garantira que si don *Carlos* s'établit à Madrid ou seulement à
Burgos, si ses agens diplomatiques sont admis dans les cours absolutistes de l'Europe, si d'un autre côté les patriotes lèvent l'éten-
dard de la révolution, qui alors sera réelle; qui garantira qu'il
n'y aura pas un autre congrès de Vérone, et que la France
ne se fera pas pour la seconde fois exécutrice des décisions de
la Sainte-Alliance? Ne parle-t-on pas d'un agent de don *Carlos*
à Paris, non officiel, mais officieux? ne dit-on pas que *Tal-
leyrand*, avec ses quatre-vingts ans, regretterait de mourir sans
perdre le dernier de ses protégés? n'est-il pas déjà engagé à se

mettre d'accord avec *Wellington* pour transporter l'alliance française de la branche *fernandine* à la branche *carline* ? Comment les libéraux pourront-ils donc résister aux forces réunies de don *Carlos* et de *Louis-Philippe* ? Nous ne voulons pas entrer dans des explications, dont l'utilité-pratique est encore fort incertaine ; mais nous devons déclarer dès aujourd'hui que ce danger ne nous épouvante point, que nous avons d'autres probabilités que celle de « continuer un peu plus long-temps nos *promesses* de mourir pour la constitution », comme dit ironiquement le *Journal des Débats ;* et que les libéraux faisant, dès les premiers pas, preuve de dignité et d'énergie, les cours européennes réfléchiront beaucoup, avant d'oser imposer et appuyer une marotte qui pourrait être l'étincelle électrique de la guerre des peuples contre les rois.

Deux mots sur un écrit du comte d'Harcourt.

Nous avons quelque chose à dire d'un écrit que M. le comte d'HARCOURT, ancien ambassadeur de France en Espagne, a répandu parmi ses amis, à raison de la question d'intervention.

Dans cet écrit, l'ex-ambassadeur prend la défense de la succession et du gouvernement d'Isabelle II, contre les scrupules que la Sainte-Alliance peut avoir ; et ce, pour éviter sans doute l'inconvénient que les puissances du Nord considèrent l'intervention française comme une démonstration en faveur des principes révolutionnaires ; quoique cette classe d'individus parle un langage complètement inadmissible pour nous, il est néanmoins curieux d'en voir un échantillon, qui servira à faire connaître la nature du juste-milieu et les contorsions et les gestes qu'il est obligé de faire continuellement pour satisfaire un de ses besoins innés, celui de ne pas se mettre en contradiction avec la légitimité, qui sans cela ne lui permettrait pas d'exister.

Après une introduction sur la validité de la loi de *Ferdinand VII*, M. le comte rassure les saints alliés sur le caractère du régime actuel, partant de la base arrêtée par son ami le marquis de *Miraflores*, qu'il cite sans le nommer, que l'ancien régime était fondé sur l'alliance du trône avec le clergé et le bas peuple, et que le nouveau consiste dans l'alliance du trône avec l'aristrocratie, la seule et unique partie du peuple qui soit éclairée, amie de l'ordre ; cela est sous-entendu. Nous sommes d'accord quand il dit que le parti théocratique ne peut former un gouvernement solide ; mais, quant à la vue de ce qui s'est passé à cet égard, il y a près de deux ans; il ose dire encore que le trône est à présent l'origine du progrès, le foyer des lumières et l'aurore de la liberté, quand il lui attribue à faux la régénération du pays et la création d'un gouvernement représentatif, approprié aux usages et aux coutumes du pays, nous ne savons pas si M. le comte a perdu son bon sens à l'instar de son ami; mais nous espérons que les faits lui donneront bientôt une autre idée des usages et des coutumes du pays, qu'il n'a vu que par les trous du palais, et qu'il les guérira en même temps tous les deux de leurs idées sur le bas peuple, qui pourra bien se montrer plus élevé que ce haut peuple qui écrit ou applaudit de semblables livres.

Nous passerons en revue quelques argumens dont M. le comte se sert pour laver le gouvernement d'*Isabelle II* de la tache révolutionnaire. Il dit donc que l'on ne s'est pas disputé sur le principe monarchique, considéré comme une espèce d'idolâtrie par tous les Espagnols dont la réputation et le nom ont quelque prix, et qu'il est garanti par des antécédens honorables. A cette impudente grossièreté de M. le comte, envers ceux qui pourraient avoir une opinion différente, nous lui répondrons seulement en lui disant qu'il ment. Le même traite la constitution de 1812 de républicaine, et allègue, en faveur du statut royal, sa différence avec elle. Eh bien ! M. le comte ne niera pas que la constitution a, sans parler du peuple en général, plusieurs partisans plus honorables et plus purs que les renégats qui aujourd'hui adhèrent au statut royal. Pour nous, nous nous sommes expliqué de la manière la plus claire et la plus franche sur la république; et si notre voix a quelque valeur, ou n'en a aucune, il n'appartient pas à M. le comte de le décider, mais bien à nos compatriotes que nous reconnaissons volontiers pour nos juges.

M. le comte dit aussi que le gouvernement actuel s'est conformé à tous les conseils, et a rempli toutes les conditions contenues dans les notes de la Russie, des 2 mai 1821 et 26 novembre 1822. Les Espagnols qui connaissent les reproches adressés par la Russie, contre la restauration constitutionnelle, les manéges diplomatiques qui préparèrent sa ruine, le principe professé dans ces notes, *que les institutions, pour être bonnes, doivent être octroyées par la bonté des rois*, se réjouiront fort de savoir que nous sommes gouvernés à la *russe*, et ils en tiendront compte au gouvernement.

Les troubles qu'il y a eu à Madrid et dans d'autres villes, n'offusquent pas M. le comte; il prétend qu'ils sont les résultats de l'indiscipline qu'a laissée la mauvaise administration précédente; et il invoque des lois contre les sociétés secrètes, et désire que le tranchant de la loi tombe sur ceux qui en sont les moteurs. Quels tigres que les aristocrates à belles manières! du sang, et toujours du sang! sang du peuple pour les souffrances duquel ils n'ont point d'entrailles! et pourquoi le peuple doit-il être victimé? parce qu'il ne veut pas supporter le joug des théories oligarchiques de ses oppresseurs? pourquoi le tranchant de la loi ne doit-il jamais tomber sur ces oligarques qui manquent à leurs sermens, et, toujours traîtres à la cause populaire, changent de gouvernement comme de souliers? Il n'y a pas en Espagne de sociétés secrètes, à l'exception de celles qui ont été corrompues par les hommes qui disposent aujourd'hui de la fortune et de la vie du peuple. Plût à Dieu qu'il y eût des sociétés secrètes adaptées à l'organisation des patriotes, parce qu'elles sont un moyen légitime de défense, un moyen légitime d'exercer une action que personne n'a le droit d'empêcher contre un gouvernement sans base de droit ni de nationalité, ennemi acharné de la liberté de la presse et des sociétés politiques.

Nous avons à relever une des plus solennelles bêtises répétées à satiété par les doctrinaires, et aussi par M. le comte *d'Harcourt* : le principe du gouvernement actuel d'Espagne est, dit-il, la souveraineté de la loi, comme si la loi se faisait, s'interprétait, s'exécutait, et se changeait d'elle-même. La nature des gouvernemens consiste précisément dans la détermination de ces fonctions. L'obéissance aux lois est chose commune à toutes les sociétés, parce que sans cela elles ne pourraient exister; mais si la loi doit être l'expression de la volonté d'un seul, ou d'un petit nombre, ou de la volonté générale ; ceci est une autre question qui ne se résout pas en attribuant à la loi, qui n'est plus qu'une émanation, la souveraineté, c'est-à-dire la source d'où elle doit émaner.

Il est curieux de voir comment M. *d'Harcourt*, après avoir laissé le gouvernement d'*Isabelle II* plus blanc que neige de tache révolutionnaire, explique la mauvaise volonté des puissances qui ne l'ont pas encore reconnu. Il donne pour motif, que les ambassadeurs des puissances étrangères furent ceux qui provoquèrent la fameuse révocation de la *Granja*, en représentant à la reine que la majorité de la nation espagnole était prononcée en faveur de *don Carlos*, et que les cours de l'Europe ne pourraient pas voir avec indifférence les maux qui résulteraient de l'obstination de la reine à vouloir soutenir les droits de sa fille. Mais, comme il y eut ensuite une révocation de la révocation, les ambassadeurs, auxquels on avait joué ce tour, se vengèrent en peignant tout sous les couleurs les plus noires, démontrant qu'ils ne s'étaient pas trompés dans leur manière de voir, mais que l'intrigue révolutionnaire avait été plus puissante. De là les préoccupations dictées par le ressentiment de ces ambassadeurs. Ce passage historique ne laisse pas que d'enseigner quelque chose : là, on voit que les diplomates de l'absolutisme savent soutenir la volonté des nations; ils prennent sur eux le droit de l'interpréter, et interviennent non sans peu de préjudice dans leurs affaires intérieures; par malheur nous voyons aussi que cette leçon a servi de bien peu à la reine, car elle se confie encore plus dans l'appui étranger que dans son propre peuple!

Le comte d'*Harcourt* dit, pour justifier l'intervention française, que la coopération ne peut devenir une intervention, et qu'en outre, les mêmes saints alliés ont reconnu dans les conférences de *Laybach*, *Troppau* et *Vérone*, que l'intervention était de droit quand les intérêts essentiels d'un pays étaient compromis. Nous avons déjà réfuté la première assertion; et la seconde nous paraît sous tous les rapports inadmissible, parce qu'elle laisse une latitude indéfinie à l'interprétation, et parce qu'elle est logiquement fausse. On n'appelle pas intervention ces actes que fait une nation pour obtenir une satisfaction d'une autre pour des torts ou des lésions d'intérêts; ceci est une question de paix ou de guerre. La véritable question est de savoir si une nation peut imposer la loi à une autre, ou lui opposer un *veto* pour ce qui appartient à l'organisation intérieure, sans avoir un rapport direct avec les voisins; et nous nous en référons sur ce point aux principes que nous avons exposés et qui s'opposent à toute intervention, en ce qui a trait à l'organisation intérieure, parce que s'il était possible (ce que nous ne croyons pas) que l'organisation purement intérieure d'une nation pût nuire aux intérêts essentiels d'une autre, il faudrait toujours spécifier le dommage et le prouver avec des faits. Mais alors ce n'est pas d'une intervention dont il s'agit, mais bien de questions ordinaires de paix et de guerre, comme nous l'avons déjà dit.

On ne peut pas considérer l'Espagne comme trompée; les désabusemens sont si explicites et affluent de tant d'endroits, qu'aucun individu, pour si peu instruit qu'il soit, ne peut alléguer pour cause d'ignorance, ni échapper à la responsabilité qui retombe sur lui, s'il contribue à prolonger encore les maux de la patrie.

Le journal dit *l'Abeille*, avoue sans détour que le système du gouvernement était fondé, comme nous l'avons toujours assuré, sur l'espoir de l'intervention, parce qu'il la préfère au mouvement national, qui ne pouvait éviter d'avoir la couleur révolutionnaire; ce qui veut dire qu'il devait infailliblement conduire à la restauration de la constitution de 1812.

Peu de jours après qu'on eut annoncé la retraite de *Martinez de la Rosa*, le même journal dit que le ministère *Toreno* adopterait dans la partie administrative une marche plus libérale (nous en parlerons bientôt); mais que l'on ne changerait rien au système du gouvernement.

Personne n'ignore que depuis l'avénement de *Christine* et d'*Isabelle*, tout a été fait sous le bon plaisir de la France : personne n'ignore combien il en coûta pour se délivrer du despotisme éclairé de *Zéa*, comment on s'évertua à neutraliser le mouvement patriotique de Barcelone, comment on influença dans les cortès pour faire reconnaître les emprunts de *Ferdinand*, et mille autres circonstances qui vivent dans la mémoire de tout le monde.

Tous les journaux français qui ne sont pas salariés, sont unanimes pour affirmer que le cabinet des Tuileries a vu avec humeur la retraite de *Martinez de la Rosa* (nous en dirons aussi quelques mots); et que l'ambassadeur français à Madrid a reçu les instructions les plus précises, à l'effet de s'opposer à tout changement d'institutions, à toute législation nouvelle, ou mesure révolutionnaire. On fait observer que cette instruction a été concertée avec le corps diplomatique (*o*).

Il reste donc bien établi, que le gouvernement espagnol n'a pas suivi une politique nationale, mais bien une politique étrangère, dont le but est d'empêcher le développement des forces nationales, et de s'opposer, par ce moyen, à ce que la constitution de 1812 soit proclamée.

On a démoralisé l'armée dans ce dessein (*p*), sachant que le peuple terrorisé par une longue tyrannie, n'oserait rien faire par lui-même, et craignant les souvenirs constitutionnels qui n'ont jamais cessé d'exister dans l'armée, il fallait enlever toute la force et l'énergie aux soldats : c'est ce qu'ont fait les deux derniers chefs, jusqu'à un point qui dépasse la prudence, aujourd'hui que le danger s'approche.

Guidé par cette même idée étrangère, on a fait un appel à des mercenaires en dehors du pays; et la preuve la plus convaincante, c'est que le pays pourrait offrir dix fois plus de forces militaires que celles que l'on obtiendra par ces onéreux enrôlemens.

Les puissances étrangères règlent et avancent les frais de l'expédition, les banquiers étrangers se disputent la rapine des équipemens et l'agiotage des fonds : l'Espagne paiera chèrement la politique des rois et les spéculations des capitalistes, dits loups cerviers.

Les banquiers étrangers disent à qui veut l'entendre, qu'ils savent bien que tout ceci ne peut conduire à un bon résultat définitif, mais qu'ainsi les ventrus auront encore dix ou douze ans de vie. Et en attendant, ils sauront bien faire leur paquet.

La nation souffre ce gouvernement entièrement dirigé par l'étranger, ce gouvernement qui sacrifie et vend l'Espagne à l'étranger! Et non-seulement celle-ci le tolère, mais encore on publie dans tous les journaux publics et dans les lettres particulières, que la nation intimidée au moindre indice de danger, demande à grands cris le secours étranger; avouant ainsi son impuissance et par suite justifiant elle-même la manière de procéder anti-nationale du gouvernement! L'histoire racontera : ce peuple qui se dit le plus original, le plus magnanime, le plus fier du monde; ce peuple qui professe une espèce de dédain haineux pour les étrangers; ce peuple dont les écrivains rejettent sur les étrangers toute la faute des maux de leur pays; ce peuple dégradé par un long esclavage, dénué de toute énergie, de tout courage civil, et même de toute pudeur, demande comme une faveur, d'être défendu, gouverné, saccagé et fouetté par des mercenaires étrangers! Si quelqu'un voulait répliquer que la masse du peuple et de l'armée, qu'un nombre infini de patriotes repoussaient cette manière de penser, que si la constitution eût été proclamée par une seule brigade, par une seule grande cité, le feu se serait propagé dans toute la Péninsule, on peut demander avec raison, comment il se fait qu'à la tête d'aucune brigade, dans le sein d'aucune de ces cités toutes dégarnies et libres dans leur action, on n'ait pas trouvé un homme qui ait eu assez de courage civique pour utiliser cette heureuse disposition des esprits? Comment se fait-il qu'ayant mis en avant quelques malheureux plus intrépides, tout le monde les abandonna? Comment se fait-il qu'on n'ait pas profité de mille et mille occasions dans lesquelles l'esprit du peuple devait être extrêmement exalté, et dans lesquelles l'esprit de la troupe ne se démontra en rien hostile à une entreprise patriotique? Comment se fait-il que toutes ces occasions, depuis l'ouverture des Cortès, jusqu'au scandale du quartier-général, soient restées sans aucun résultat?

A l'Espagnol dont le front ne se couvrira pas de rougeur, en lisant ces lignes, à celui qui ne sentira pas bouillir dans ses veines un reste de l'ancien sang ibérien, à celui qui s'endort encore dans sa froide indolence, ou cède à de mesquines condescendances; à ces Espagnols, on doit leur refuser jusqu'à la pitié et regarder comme un juste châtiment tous les maux qui peuvent les accabler. Loin de nous la pensée que toute l'Espagne puisse se trouver dans ce cas; mais, si toute l'Espagne ne savait que gémir et tendre le cou, si le destin ne nous offrait pas quelque moyen pour contribuer à rallumer sa chaleur presque éteinte ; il ne nous resterait d'autre parti que de renoncer à la douce et consolante idée qu'il y a encore une patrie pour nous !

Nous savons bien que les moyens pour continuer de tromper la nation ne manquent ni au gouvernement, ni à ses alliés. Dans certains journaux on élève le *comte de Toreno* au-dessus des nues, en annonçant des décrets à foison : dans d'autres on affecte de faire entrevoir une certaine aigreur de la part d'un gouvernement allié, afin de donner à comprendre qu'on craint un mouvement plus révolutionnaire ; et ce, pour rehausser le crédit du *comte* dans l'opinion publique ; mais quand on aura paralysé l'exaspération du peuple libéral, quand le juste-milieu aura gagné assez de temps pour jeter les filets du vaste réseau qu'il étend tous les jours, quand les banquiers auront assuré leurs opérations, lorsque quelque réforme militaire et l'arrivée des secours étrangers ou quelque incident plus fortuné aura calmé la crainte et renouvelé l'espoir, non de terminer, mais de prolonger la guerre civile, oh ! horreur ! et c'est ce que l'on veut ! alors on se conduira envers le peuple avec plus de dédain et de hauteur, avec plus de cruauté que jusqu'à ce jour ; et de toutes les promesses il n'y aura de réalisé que le sang, les sacrifices et le rire avec lequel les hommes qui savent tromper les peuples avec tant de ruse, applaudiront à l'adresse du bourreau.

Loin de voir sa position améliorée, c'est au contraire à présent que le peuple espagnol court le plus grand danger de tomber dans un filet qu'on lui tend pour le dévorer. Un réseau immense doit envelopper tout le midi de l'Europe, et étouffer tout mouvement, non-seulement en Espagne, mais dans tous les pays qui sympathisent avec elle. Déjà le ministère libéral a été renvoyé en Portugal, et l'on poursuit le projet d'unir par des liens de parenté la maison de *Bragance* avec les *Bourbons français ;* les noces de Lisbonne seront le prélude d'autres mariages en Italie et en Allemagne (1) qui garantiront à la nouvelle dynastie française son influence et sa position dans la grande famille dynastique en Europe, et la conduira enfin, avec le consentement des autres puissances, à étendre ses alliances de famille, jusqu'au même trône d'Espagne qui est le dernier anneau de cette chaîne de projets qui, s'ils ne se réalisent, n'en existent et ne s'en préparent pas moins.

Pour ce qui concerne l'Espagne, c'est à présent que le système

____

(1) Naples et Wurtemberg.

d'intrigues, de mensonges, de violences, d'exactions, d'agiotage, d'immoralité, de domination étrangère, sera poussé jusqu'aux dernières limites. *Martinez de la Rosa* n'est plus qu'un pauvre insensé, convaincu de bonne foi que la nation espagnole devrait lui voter des remerciemens. Mais le comte de *Toreno* est l'homme des circonstances, et sur lequel on a beaucoup plus compté que sur son ridicule collègue. Nous ne dirons rien pour le moment du nouveau ministère, quoique notre jugement soit bien fixé et que nous indiquions les résultats qui doivent s'ensuivre d'une manière très claire; nous avons le temps pour revenir sur ce point; nous ferons seulement l'observation que ces fidèles serviteurs du statut royal, furent presque tous fondateurs et grands prôneurs de la constitution de 1812 (1), et l'un d'eux camarade de Riego!

Compatriotes, nous vous prévenons que toute cette apparence libérale avec laquelle on vous trompe, n'a pour objet que d'assurer les combinaisons de la cupidité, et d'obtenir, avec l'appui des mercenaires étrangers, le triomphe du juste-milieu qui, à la première occasion favorable, se convertira en véritable et pur absolutisme.

A. P

(1) *Toreno*, *Herrero*, *Alvarès Guerra*, *Amarillas*.

NOTES DE L'INTERVENTION.

(a) **Nous** avons déjà dit pourquoi nous les appelions intrus : c'est qu'il leur manquait le mandat de droit et qu'ils ont abusé du mandat de fait qu'ils avaient.

(b) L'établissement du gouvernement actuel de l'Espagne est une des preuves les moins équivoques du constitutionalisme de fait : nous demandons à ces coryphées hautains du ministère ce qu'ils auraient pu répondre à un député quelconque qui, à l'ouverture des Cortès, eût protesté au nom de la nation et de la constitution à laquelle il avait prêté serment? Mais ayant effrayé ces lâches par l'arrestation des députés et des patriotes les plus courageux, dans la nuit de la veille du jour où eut lieu l'ouverture des chambres, il fut facile dès lors aux ministres d'interpréter le droit.

Nous ajouterons, pour l'intelligence de nos lecteurs, que les députés et les patriotes, dont on redoutait l'énergie, furent remis en liberté bientôt après que les chambres furent constituées.

(c) Nous avons appris que ce sort atteignit les brigadiers *Péon*, *Aldama*, patriotes fermes, pour avoir refusé de signer ces déclarations : nous avons su aussi que le senor don *Evaristo San Miguel*, qui avait dit, en 1830, que jamais il ne reviendrait dans sa patrie avec des baïonnettes étrangères, y avait apposé sa signature. Il est vrai qu'à cette époque des Français, patriotes de juillet, dont les uns furent tués et les autres blessés, entrèrent en Espagne avec les patriotes Vigo, Valdès, de Pablo, Chapalangarra, qui périt, et Cayuela, tandis qu'aujourd'hui il s'agit de contenir l'enthousiasme de la liberté pour tranquilliser le juste-milieu. Et ce don Evariste est le même qui, n'ayant été rien moins que ministre des affaires étrangères, acquit une si grande célébrité par sa réponse aux notes des puissances étrangères. *O tempora! ô mores!*

(d) Il ne pourra donner d'autre excuse que celle d'avoir agi de concert avec son ami et compatriote *Toreno*, pour lequel il a une grande vénération, et aussi avec ses compatriotes d'un autre genre, les prétendus Américains, qui sont aujourd'hui en grande vogue; et ce, parce qu'on suppose sans doute qu'ils sont habitués à un régime de coups de bâtons, que les comédiens de Madrid veulent appliquer également aux carlistes et aux patriotes. Ce qui nous afflige pour le sieur Valdès, c'est le contraste entre son attitude héroïque, quand, au moment de prendre congé de la reine, il jura sur son épée nue et la main tendue, à l'instar d'un chevalier errant, d'en finir avec le prétendant, et l'attitude humble qu'il aura prise sans doute au moment de signer la demande de l'intervention.

Nous lui promettons de n'en rien dire à notre ami de Bordeaux, le rédacteur de la *Caricature*.

(e) Nous nous servons de cette expression, parce que les agens des gouvernemens étrangers, qui affectaient de mépriser le mélange révolutionnaire et de ne traiter dans leurs conciliabules qu'avec les émigrés de catégorie ; c'est-à-dire les aristocrates qui perdirent la nation, n'en faisaient qu'un trop fréquent usage. Nous nous abstenons pour le moment d'indiquer des noms.

(f) Les *vivas* ont cessé. Le peuple se fatigue de crier vive quand il s'éteint.

(g) Si les mercenaires combattent pour la nation, ils sont superflus ; s'ils combattent contre elle, c'est une trahison de les employer.

(h) Comme par exemple dans la province de Santander qui, au commencement, avait non-seulement témoigné du contentement, mais encore de l'exaltation pour le nouveau gouvernement, et où le carlisme a commencé enfin à faire quelques progrès. Le peu de succès des conspirations carlistes, plutôt due au bon esprit des habitans qu'au soin du gouvernement, prouve que l'Espagne de 1835 n'est pas celle de 1825. Elle n'était pas même alors ce que l'on disait. Mais dans les guerres, il n'y a que le parti vainqueur qui fasse du bruit : le parti vaincu ou indifférent n'a rien de mieux à faire que de se taire ; les satellites du despotisme en profitèrent pour donner aux aboiemens de leurs partisans plus d'importance qu'ils n'en méritaient.

(l) Il y a encore un grand mystère, et on ne connaît pas le dernier mot de Zumalacarreguy.

(m) Nous renvoyons au chapitre des garanties espagnoles dans notre ouvrage sur *l'Espagne et l'Amérique en progrès*.

(n) Les journaux libéraux, tels que le *National*, ne veulent pas encore se défaire de cette prétention, et ils voudraient même l'étendre sur tous les peuples constitutionnels du continent et aussi sur l'Italie, jusqu'au point de voir de mauvais œil la tendance de certains peuples comme ceux de la Péninsule et de l'Allemagne vers l'unité nationale. Mais cet égoïsme anti-nationale, mais cet égoïsme anti-social n'est nuisible qu'à eux-mêmes.

(o) *Constitutionnel* du 20 juin Nous savons bien que toutes les nouvelles ne sont pas vraies ; mais celle-ci est trop justifiée par les faits pour ne pas croire qu'elle a quelque fondement. Il est à remarquer que le *Journal des Débats* ne l'a pas démentie.

(p) Avec l'intention de démoraliser l'armée et de la déconsidérer avec la nation, pour que celle-ci éprouvât de plus grandes difficultés pour s'émanciper, et que d'un autre côté don *Carlos* pût faire des progrès ; lord *Wellington*, l'ennemi juré des libertés de l'Espagne, imagina l'ambassade de lord *Elliot*, en prenant le prétexte de l'humanité pour régulariser la guerre (on prend toujours les prétextes les plus saints pour commettre les plus grands crimes, il suffit qu'une diplomatie étrangère s'introduise dans la maison d'autrui pour qu'elle soit mensongère et trompeuse), et ce qui prouve évidemment l'artifice d'un semblable pro-

jet, c'est la circulaire du général-ministre , qui sottement intervint pour le
régulariser : circulaire à l'effet de réunir les généraux et militaires de tout
rang pour déterminer et donner par écrit leur opinion sur la question de
savoir si la guerre civile pourrait être terminée par les seuls efforts de
l'armée, ou si elle aurait besoin d'être appuyée par des secours étrangers. Pouvait-il y avoir un plus grand attentat contre la discipline militaire et contre l'ordre social ? Peut-on donner une preuve de plus grande
immoralité , que de faire supporter à l'armée les conséquences d'une mesure de haute politique qu'il n'eût jamais dû soumettre à sa délibéra-
tion ? Il est bien entendu que les senores *Martinez de la Rosa* et *Toreno*
ont contribué beaucoup à obtenir leur juste-milieu et la nomination
du général *Alava* au poste d'ambassadeur à Londres , lorsque lord
Wellington fut nommé ministre des affaires étrangères. Fasse que qui que
ce soit, pour si stupide qu'il puisse être, se pénètre de cette vérité ! Combien d'hommes pleins des meilleures intentions ont été pris dans les
filets qu'on leur a si perfidement tendus ! C'est ce qu'on cherchait depuis
l'établissement du statut royal (*dividere et imperare*), et c'est ce qu'ont
obtenu les ministres et le lord , quoique dans divers sentimens : c'est-à-
dire , celui-ci que don *Carlos* profitât de suite de ce grand avantage, et les
autres pour obtenir leur système doctrinaire, dogmatique, exclusif. Quelle
perfidie ! quelle bassesse !

P. M. DE V.

LE GÉNÉRAL

DON PEDRO MENDEZ DE VIGO

A

M. AUG. PELLEPORT,

Traducteur du Chapitre relatif à l'Intervention, extrait de l'ouvrage
intitulé : *L'Espagne et l'Amérique en progrès*, à Paris.

Paris, le 20 juillet 1835.

MONSIEUR,

Je vous remercie de la bonté que vous avez de comprendre dans
votre traduction la supplique que j'ai adressée à la reine gouver-
nante d'Espagne, sur l'opportunité du prompt rétablissement de la
constitution de 1812 ; parce que je désire par-dessus tout lui donner la plus grande publicité dans la Péninsule et en France : plût à
Dieu que je pusse en faire de même dans tout le monde civilisé !

Tout Espagnol, véritablement ami de l'indépendance et de la
prospérité de son pays, ne peut ni ne doit conseiller à ses compatriotes que l'exécution franche de la constitution de l'année 1812,
comme le seul et unique drapeau d'union pour le présent et l'a-
venir.

Ci-joint une note qui servira de réponse aux paroles des aventuriers qui annoncent avec tant de bruit, de pompe et d'éclat, la
formation de la légion ou légions anglaises ; troupe qui, avec la dénomination d'étrangère, est destinée à servir le gouvernement
ultra-monarchique de la reine *Christine*.

Vous m'obligerez infiniment d'insérer cette lettre dans votre bro-
chure, comme un témoignage public de ma reconnaissance pour
votre patriotique travail.

J'ai l'honneur, etc.

P. MENDEZ DE VIGO,

Rue de Chaillot, n. 76.

PARTIE HISTORIQUE.

MÉMOIRE

ADRESSÉ PAR LE GÉNÉRAL DON PEDRO MENDEZ DE VIGO,

A S. M. LA REINE D'ESPAGNE.

Madame,

Le général don *Pedro Mendez de Vigo* a l'honneur d'exposer, pour la quatrième fois, ses respectueuses remontrances à V. M. Il n'agit pas dans cette circonstance pour son intérêt particulier, satisfait qu'il est d'avoir démontré de la manière la plus incontestable la justice de sa cause, et confondu la calomnie insidieuse de ses ennemis : il n'est mu que par un zèle ardent et patriotique, qui prend sa source dans la situation fâcheuse dans laquelle est plongée la nation que V. M. gouverne depuis la mort de *Ferdinand VII.* Si dès le premier moment V. M. eût été dirigée par des hommes qui eussent eu de la probité politique et qui eussent répondu à la haute confiance dont vous les honorâtes, déjà seraient accomplis les vifs désirs que V. M. avait témoignés de faire le bien et le bonheur d'un peuple si digne d'un meilleur sort ; vos ministres eussent été de fidèles et loyaux serviteurs de leur pays et de l'auguste reine doña *Isabelle II*, s'ils eussent conseillé à V. M. de convoquer des Cortès extraordinaires, conformément à la constitution de 1812, laquelle jurée devant cette imposante assemblée par V. M., au nom de votre auguste fille, eût fait échapper la nation à de grands désastres, et la gloire de V. M. eût été éternelle, et le trône d'Isabelle II indisputable. Il est bien difficile de penser que V. M., instruite comme elle devait l'être de l'histoire récente de la nation, et de l'éloge donné à ce code par les plus illustres personnages, naturels et étrangers, ait négligé de le faire proclamer comme loi nationale ; alors V. M. eût évité les combinaisons nouvelles et inconnues qui ne pouvaient servir qu'à diviser l'immense parti libéral, réuni déjà dans deux grandes circonstances autour de ces institutions, vrai ciment de la société espagnole, depuis sa dissolution en 1808.

Je me fais un devoir de mettre sous les yeux de V. M., des extraits de divers documens publics et historiques qui accroissent les louanges et l'admiration d'une charte, qui fut préparée et faite avec une si grande réflexion, une si grande sagesse, et enfin avec la dignité inhérente à une nation vraiment grande, malgré que ses ennemis cherchent à la déprimer depuis plus de trois siècles.

La sénora infante *Charlotte*, princesse de Brésil, et depuis reine de Portugal, manifesta, dans sa lettre adressée à la Régence, sous la date du 28 juin 1812, sa joie pour la bonne et sage constitution que l'auguste congrès des Cortès venait de jurer et de publier au grand contentement de tous et au sien plus particulièrement; « car elle la considérait comme la base fondamentale du bonheur « et de l'indépendance de la nation, et comme une preuve que « ses bien-aimés compatriotes donnaient au monde entier, de « l'amour et de la fidélité qu'ils professaient pour leur souverain « légitime (1). » L'empereur de Russie reconnut, le 20 juillet de la même année, pour légitimes, les Cortès générales et extraordinaires assemblées à Cadix, ainsi que la constitution qu'elles avaient décrétée et sanctionnée (2). Le roi de Suède envoya une déclaration semblable, le 19 mars 1813, et celui de Prusse reconnut, sous la date du 20 janvier 1814, *Ferdinand VII*, comme le seul roi légitime de l'Espagne, de même que la régence du royaume, légitimement élue par les Cortès générales et extraordinaires, suivant la constitution sanctionnée par elles et jurée par la nation (3).

Le révérendissime évêque de Oreuse, depuis cardinal de la sainte Eglise romaine, don *Pedro Quevedo*, si connu par la fermeté de son caractère et par ses vertus apostoliques, disait : « La « nouvelle constitution est un monument de sagesse, de prudence, « et prouve que le seul amour du bien public a dirigé ses auteurs. « La nation espagnole reconnaissante des travaux des Cortès et « conduite par ses lumières dans son entière obéissance et dans son « indispensable acceptation, pourra se promettre une liberté, une « indépendance et une félicité, qui s'accompliront avec le gouver- « nement du monarque qui se soumettra à cette nouvelle loi; « nous devons, en reconnaissance de son zèle, de ses travaux et « de ses désirs, prier Dieu pour les architectes de la grande œuvre « de la constitution, qu'ils ont élevée pour leur gloire post- « hume (4). »

Les Cortès eurent la satisfaction de voir l'enthousiasme et à la joie avec lesquels le peuple espagnol reçut et jura la constitution. Les personnages les plus illustres, les autorités supérieures, les armées de terre et de mer, les corps littéraires, les magistrats et le clergé, s'empressèrent de manifester leur soumission respectueuse et leur admiration, en offrant de se sacrifier pour la défense de la nouvelle loi (5). Le conseil de Castille, ce corps aussi aristocratique que monstrueux dans sa forme, et attaché de la manière la plus tenace à ses usages, répondit, en adressant sa déclaration d'obéissance aux Cortès, « qu'il savait répondre si on « lui adressait une demande, mais qu'il serait plus heureux d'obéir, « si on le commandait. » Lorsqu'il reçut la constitution pour jurer de s'y conformer, il commença par dire « que la constitution, « en réintégrant le citoyen dans ses justes et véritables droits, « avait à jamais fixé les destins de l'héroïque nation espagnole; et « il finissait par dire que, dès l'année 1808, le conseil de Castille « avait demandé à cor et à cri la convocation des Cortès, qu'il « avait agi avec beaucoup d'insistance et d'efforts pour la réunion « d'un congrès souverain, et qu'il venait lui offrir ses félicitations « pour avoir donné à la nation une constitution bienfaisante, qui « ferait le bonheur du peuple (6). »

Le tribunal suprême de Séville, qui, en 1824, condamna les députés à une mort ignominieuse, s'exprimait dans les termes suivans, le 16 mai 1812, en adressant aux Cortès son adhésion au parti constitutionnel :

« Cette constitution a consommé le grand œuvre de la régénéra- « tion des Espagnes, avec la sanction de ses lois fondamentales. « Avec la constitution, on a substitué l'empire des lois au gou- « vernement des hommes ; et enfin, la constitution a consacré la « félicité publique et la gloire impérissable de la nation (7). »

Les régens du royaume, en prêtant le serment d'obéissance à la constitution, n'hésitèrent pas à l'appeler l'œuvre qui donnait sa date à l'époque la plus mémorable de la nation espagnole, l'émanation de la sagesse qui convertirait ses larmes de douleur en larmes de joie, l'égide impénétrable de sa défense, et le dépôt sacré qui renferme les lois tutélaires de sa liberté et de son indépendance (8).

Convaincu intimement, disait don *Eusèbe Bardaji*, ministre plénipotentiaire à Lisbonne, qu'une nation ne peut « prospérer si « elle n'est gouvernée par les principes fondamentaux que les « Cortès générales et extraordinaires ont sanctionnés dans la con- « stitution que j'ai jurée, je félicite de la manière la plus expressive

« et la plus sincère les Cortès, d'avoir terminé une œuvre si grande
« et si majestueuse, qui assure sur des bases indélébiles la liberté
« et l'indépendance de la nation (9). » *Don Pierre Labrador* en
félicitant les Cortès d'avoir donné une semblable constitution à
l'Espagne, ajoutait : « Cette constitution réunit les idées saines de
nos aïeux et les améliorations exigées impérieusement par les
changemens que le temps et les progrès de l'esprit humain ont in-
troduit dans les gouvernemens. Le señor duc de l'*Infantado*,
président de la régence de Cadix, exhortait, dans une proclamation
du 30 août 1812, les Espagnols à prendre en considération la
libéralité des idées adoptées pour principe et fondement dans la
constitution : idées qu'il appelait libérales et bienfaisantes ; il assu-
rait que les Cortès ne les avaient adoptées qu'avec la plus mûre
réflexion, et qu'elles ouvraient à la nation un nouveau champ de
prospérité digne d'envie. *Don Pierre Augustin Giron*, actuellement *marquis de las Amarillas*, chef de l'état-major général des
5ᵉ et 6ᵉ corps d'armée, écrivit aux Cortès que tous les officiers et
tous les soldats sous ses ordres avaient juré la constitution politique
due à la sagesse du congrès, et qu'ils sauraient la défendre avec
leurs épées, bien convaincus qu'elle était la base de la puissance,
de la gloire et du bonheur du peuple espagnol (10) (*a*).

Madame ! après ces témoignages et tant d'autres aussi honorables,
pourra-t-on appeler ami de son pays et loyal serviteur de S. M. la
Reine, celui qui essaie de s'opposer au rétablissement de la constitution, en rejetant la base la plus solide sur laquelle on puisse as-
seoir le gouvernement d'Espagne ? Il paraît incroyable, mais il
n'est que trop vrai (et V. M. peut en trouver la preuve dans les
documens cités), qu'une partie des hommes qui durent à la création de la constitution, la célébrité et la haute position sociale
dont ils jouissent, sont ceux qui ont contribué et contribuent avec
le plus d'acharnement à la rejeter, et lancent contre ceux qui, à
leur exemple, lui ont prêté serment (à la différence qu'ils ne sont
pas comme eux des parjures) des calomnies et des persécutions que
l'homme dépravé qui renie ses principes, peut seul inventer.
Ce sont eux aussi qui ont l'impudeur criminelle d'assurer que les
excès de l'exaltation ont, par deux fois, occasioné non-seulement
la chute du système constitutionel, mais que ce système est impra-
ticable en Espagne, par l'impulsion rétrograde qu'il imprimerait
aux lumières du siècle ; et ceux qui ferment l'accès à toutes ces lumières annoncent des choses semblables, pour qu'on ne puisse pas
combattre avec l'arme de la raison et la véritable histoire de pa-
reilles inventions, répandues pour leur propre avantage et appuyées

par les gouvernemens étrangers. En effet, Madame, ils sont parvenus à leurs fins dans l'intérieur de l'Espagne, et c'est ce qui m'a donné la conviction que je ne saurais mieux employer l'oisiveté forcée de mon exil, qu'en élevant la voix de la vérité étouffée dans mon pays par le terrorisme de ceux qui, trompant la nation, prétendent encore se donner pour libéraux ! Témoin constant et participant à beaucoup et beaucoup d'évènemens de l'histoire politique et militaire d'Espagne depuis 1808, dédié particulièrement à son étude, mis en rapports fréquens avec les hommes les plus marquans et les plus distingués de cette époque, aidé en outre de l'opinion de beaucoup d'autres patriotes célèbres et amis de la liberté, je publiai un manifeste que j'adressai à la nation espagnole, sur la légitimité de la succession de votre auguste fille, basée sur la constitution ; et dans divers chapitres de l'ouvrage intitulé l'*Espagne et l'Amérique*, réunis aujourd'hui en un volume (1), je m'évertuai à signaler la fausse marche des conseillers de V. M., à l'analyser, à détruire les sophismes que ceux-ci opposent à la constitution, et à indiquer les amendemens qu'elle admet et que l'expérience réclame.

Dans des époques critiques, des hommes éminens, tels que les *Manrriquez*, les *Onatez*, les *Arandas*, les *Florez Estrada*, surent parler le langage de la franchise en faveur de la nation, à leurs rois que l'on trompait. Loin de moi l'idée de vouloir établir entre eux et moi le moindre terme de comparaison sous le rapport du mérite ; mais ne leur cédant en rien pour ce qui a trait à l'amour de ma patrie (pour laquelle il n'est pas de genre de sacrifices que je ne sois prêt à faire, pour assurer son bonheur), je m'adresse à V. M. avec respect et énergie en même temps, en ma qualité d'Espagnol et au nom de mes compatriotes condamnés au silence, pour lui redemander d'ouvrir les yeux sur les bords du précipice où les mauvais conseils l'ont entraînée, jusqu'à lui faire subir l'humiliation d'implorer le secours étranger, plutôt que celui de la nation, pour la supplier de convoquer les Cortès extraordinaires, conformément à la constitution de 1812, en établissant dans toute sa vigueur cette charte, qui seule peut délivrer la nation et V. M. de malheurs incalculables. Alors la nation, libre et indépendante, se lèvera, et elle recouvrera l'antique splendeur de ses beaux jours : forte et bien avisée, elle confondra en même temps l'astuce de ses ennemis intérieurs, et l'influence étrangère toujours si funeste à notre pays. Au lieu d'aventuriers (*b*) qui se vendent pour de l'argent,

(1) In-8, chez M. Fournier, rue de Seine, n. 14.

elle recevra dans son sein, des patriotes de tous les pays, comme ils furent accueillis en 1821, 22 et 23, qui, comme tant d'autres citoyens, seront autant de bras forts comme ils le furent alors, parce qu'ils défendront leur propre cause. Madame, en vous confiant franchement aux patriotes, en livrant l'auguste reine à leur garde et à leurs soins, il est bien certain, que jamais ils ne manqueront aux hautes considérations que leur mériterait un dépôt fait à la loyauté irréprochable des constitutionnels, quels que soient les évènemens que puisse demander la nécessité du bien commun (11).

Daignez donc, Madame, être sensible à la voix d'un patriote qui, quoique injustement exilé, et ayant la douleur de voir ceux qui ont trahi la nation à la tête du pouvoir (12), n'a pas un seul instant de repos, et consacre les nuits comme les jours à tout ce qui, dans le cercle de ses attributions, peut contribuer à la félicité publique.

Que Votre Majesté daigne donc convoquer les Cortès générales et extraordinaires, en déterminant que les députés suppléans, qui devront être nommés par rapport aux circonstances critiques où se trouvait la nation, auront le droit d'y assister; et que ces députés soient choisis par les électeurs de canton, pour éviter une concentration dans laquelle les intrigans, habitués à s'entre-mêler pour un intérêt particulier ou de parti, se livreraient à leurs manœuvres avec trop de facilité et d'avantage.

Que le Seigneur conserve, etc.

Le général MENDEZ DE VIGO.

NOTES DE LA PARTIE HISTORIQUE.

(1) *Journal des Cortès générales de Cadix*, t. xv, p. 235. Ce témoignage devra confondre l'impudente audace avec laquelle *Haller* ose dire que la constitution de Cadix était contraire à la religion, à l'ordre naturel et divin, et des relations sociales, dans son organisation, comme dans ses dispositions principales. P. 10 de *la Constitution des Cortès d'Espagne.*

(2) Art. 2 du traité fait à Weliki-Louki.

(3) Art. 3 du traité de Stockolm.

(4) *Journal des Cortès de Cadix*, t. 1, p. 399.

(5) Il serait aussi superflu qu'ennuyeux d'énumérer toutes les autorités et corporations ecclésiastiques, littéraires, militaires et civiles, qui ont félicité le congrès à raison de la constitution insérée dans le journal officiel de cette époque : je me bornerai à citer les plus notables.

(6) *Journal des Cortès*, t. iv, p. 142, et t. xii, p. 343.

(7) *Id.*, p. 218.

(8) *Id.*, t. xiii, p. 49, 50.

(9) *Id.*, t. xii, p. 321.

(10) *Id.*, t. xiv, p. 270.

(11) Lorsqu'il y a une nécessité impérieuse de venger les insultes de la nation, les Espagnols ont toujours préféré punir sévèrement les traîtres que les rois, qui, quoique très mal intentionnés, ne pourraient pas faire le mal s'ils ne trouvaient pas des satellites qui leur prêtent un criminel appui.

N. B. L'auteur avait exprimé sa pensée de cette manière : « Les Espagnols ont toujours préféré laver leurs mains dans le sang des traîtres que dans celui des rois. » J'ai cru devoir modifier ces expressions.

(12) Comme le duc de Frias, etc., etc.

(*A*) El senor *Labrador* est, dit-on, nommé ambassadeur de *don Carlos* auprès de l'empereur de Russie.

NOTES.

(a) Don Pierre-Augustin Giron, aujourd'hui marquis de las *Amarillas,* ministre de la guerre de la reine Christine. J'eus l'honneur de servir sous ses ordres dans le 6e corps d'opération, lors de la guerre de l'indépendance. Comme militaire, j'apprécie le certificat qui se trouve à la fin de cette note, infiniment plus que tous les titres et décorations acquis par mes services militaires. Le général *Giron* est, sans nul doute, un des généraux les plus habiles de l'Europe ; il se conduisit dans la guerre de l'indépendance comme un général qui sait organiser, commander, combattre, et comme un parfait libéral. Sa conduite si distinguée comme militaire et homme politique, lui attira la disgrâce de lord *Wellington*, qui l'appela à Toulouse, en France, afin de lui ôter le commandement de l'armée de réserve, qui avait acquis tant de gloire sous ses ordres, et notamment dans Ascain (en France), où le général *Giron* manœuvra avec une habileté et une bravoure qui forcèrent l'ennemi à abandonner les lignes de Saint-Jean-de-Luz. Il fut maltraité par *Ferdinand* pendant six ans, c'est-à-dire depuis 1814 jusqu'en 1820, où l'opinion publique et les patriotes l'appelèrent au ministère de la guerre ; son enthousiasme fut tel et son esprit d'innovation fut poussé à un tel point, que l'on raconte qu'il avait l'intention de changer jusqu'aux encriers et tapis de l'hôtel de son ministère. Mais il ne tarda pas à perdre la confiance et à se séparer des ministres. Néanmoins je lui donnai dans cette circonstance des preuves d'une amitié dévouée, de ma reconnaissance et de mon profond respect pour son mérite et ses talens. En 1821 et 1822, il m'honora d'une correspondance très suivie sur l'organisation de l'armée, et particulièrement des régimens provinciaux : et pour rendre hommage à la vérité, je dois déclarer que j'eus la satisfaction d'obtenir l'avancement que je sollicitai pour des chefs de corps et des officiers. Mais sa conduite, pendant et après le 7 juillet, a mis entre nous un abîme qui ne se comblera jamais. Voyez-vous ce général-ministre de la guerre de *Christine*, pour avoir été un parjure, un factieux, un ingrat, un homme sans honneur, enfin, un légataire de *Ferdinand;* tandis que je souffre encore les rigueurs de l'exil, pour avoir été fidèle au serment que je prêtai entre ses mains, alors que je commandais le régiment d'*Oviédo* dans l'armée active.

CERTIFICAT.

Don Pierre-Augustin *Giron*, Montezuma, etc., etc., certifie que don Pierre *Mendez* de *Vigo*, colonel du régiment d'Oviédo, a servi sous mes

(39)

ordres immédiats pendant la campagne de 1813, et qu'il ne m'a rien laissé
à désirer, soit sous le rapport des qualités militaires, soit pour l'aptitude
au commandement ; c'est ce qui lui a valu le titre de chef distingué et de
très brave et très loyal officier. En foi de ce, nous avons délivré le présent certificat sur sa demande, pour servir et valoir ce que de droit.

Fait à Madrid, le 12 octobre 1814.

Signé PIERRE-AUGUSTIN GIRON,
Lieutenant-général.

(*b*) Au service de la reine d'Espagne !... Voilà le drapeau sous lequel s'enrôlent les hommes libres de l'Angleterre ; les fils de la nation la plus libre
de l'Europe s'enrôlent pour servir une reine qui a usurpé les droits d'un
peuple qui a été le plus noble et le plus fidèle ami et allié de cette mo-
derne Albion, pour parvenir, comme ces deux peuples y parvinrent, à
vaincre l'homme du siècle; mais les enfans de cette Grande-Bretagne
ont-ils été informés de la mission qu'ils vont remplir en Espagne? leurs
supérieurs, et surtout le commandant en chef, comment osent-ils faire
braver les dangers d'une guerre civile à leurs compatriotes pour soutenir
un principe diamétralement opposé avec l'honneur, l'indépendance et la
dignité du nom anglais ? Le chef qui commande une pareille expédition
ignore-t-il les maux qu'il va occasioner à ce peuple espagnol, l'ami de
son peuple, en prêtant l'appui de sa force à un gouvernement dirigé par
des hommes qui ont trahi leur patrie? Le chef de cette légion anglaise peut-
il ne pas connaître l'histoire récente de la nation espagnole? Cette nation,
abandonnée à elle-même, en 1808, n'eût-elle pas le droit de se constituer?
Après s'être imposé les plus grands sacrifices, après avoir fait des actes du
plus grand héroïsme, ne s'est-elle pas donné la constitution la plus légitime et la meilleure de toutes celles qui sont connues jusqu'à ce jour ?
La grande confiance que la constitution inspira, et dont elle était si digne,
n'engagea-t-elle pas le gouvernement anglais à mettre son armée et ses
trésors à la disposition des cortès? Qu'on recherche dans les archives du
cabinet de *Saint-James*, ce qui a été écrit à cette époque...., et cette constitution, cette loi fondamentale du peuple espagnol, ne lui a-t-elle pas été
enlevée, en 1814, par la trahison la plus insigne du généralissime lord
Wellington, auquel les Cortès avaient confié le commandement des armées
nationales, et qu'elles avaient en même temps comblé d'honneurs, de
dignités et de biens? et cette constitution, rétablie en 1820, à l'admiration
du monde entier, ne fut-elle pas de nouveau mise de côté par la trahison
mue par les menées secrètes des agens de lord *Wellington* (1), et encore par
l'appui d'une armée étrangère? Et aujourd'hui que le peuple réclame de
toutes parts cette constitution, et que les hommes du pouvoir cherchent à
la faire oublier et déconsidérer, en lui substituant ce qu'on appelle statut
royal, véritable monstruosité politique, bannière de guerre éternelle pour
la nation espagnole, un corps anglais vient appuyer un gouvernement

(1) On peut citer entre autres agens lord Sommerset, envoyé à Madrid par lord
Wellington.

aussi indigne? Le général anglais, membre de l'opposition, ne doit pas se laisser éblouir par l'attrait du commandement; il doit examiner avec des yeux philosophiques la marche à suivre et le terrain sur lequel il va manœuvrer ; il ne doit pas non plus se laisser éblouir par la fausse apparence de certains hommes, quel que soit leur caractère, et pour si recommandable que soient les antécédens de leur conduite; il doit en outre examiner l'époque actuelle de corruption qui couvre tant d'intrigues, tant d'hypocrisie et tant d'immoralités. Que le colonel *Evans* observe que l'or a toujours été l'idole des grands, et que, pour l'obtenir, il n'y a pas d'iniquités qu'ils n'inventent, sans que jamais l'honneur et l'humanité même soient un obstacle. Par une fatalité bien plus grande, l'or est encore l'appât le plus séduisant pour bien d'autres hommes qui, confondus avec les patriotes, veulent, à raison de leurs talens supérieurs et des ressources immenses de leur esprit, diriger les affaires dans l'intérêt général, et finissent par les gâter, tant est grande leur préoccupation de tout concilier avec leur intérêt particulier, qui est le plus puissant mobile des actions de leur vie.

P. M. DE VIGO.

IMPRIMERIE DE H. FOURNIER,
RUE DE SEINE, N. 14.

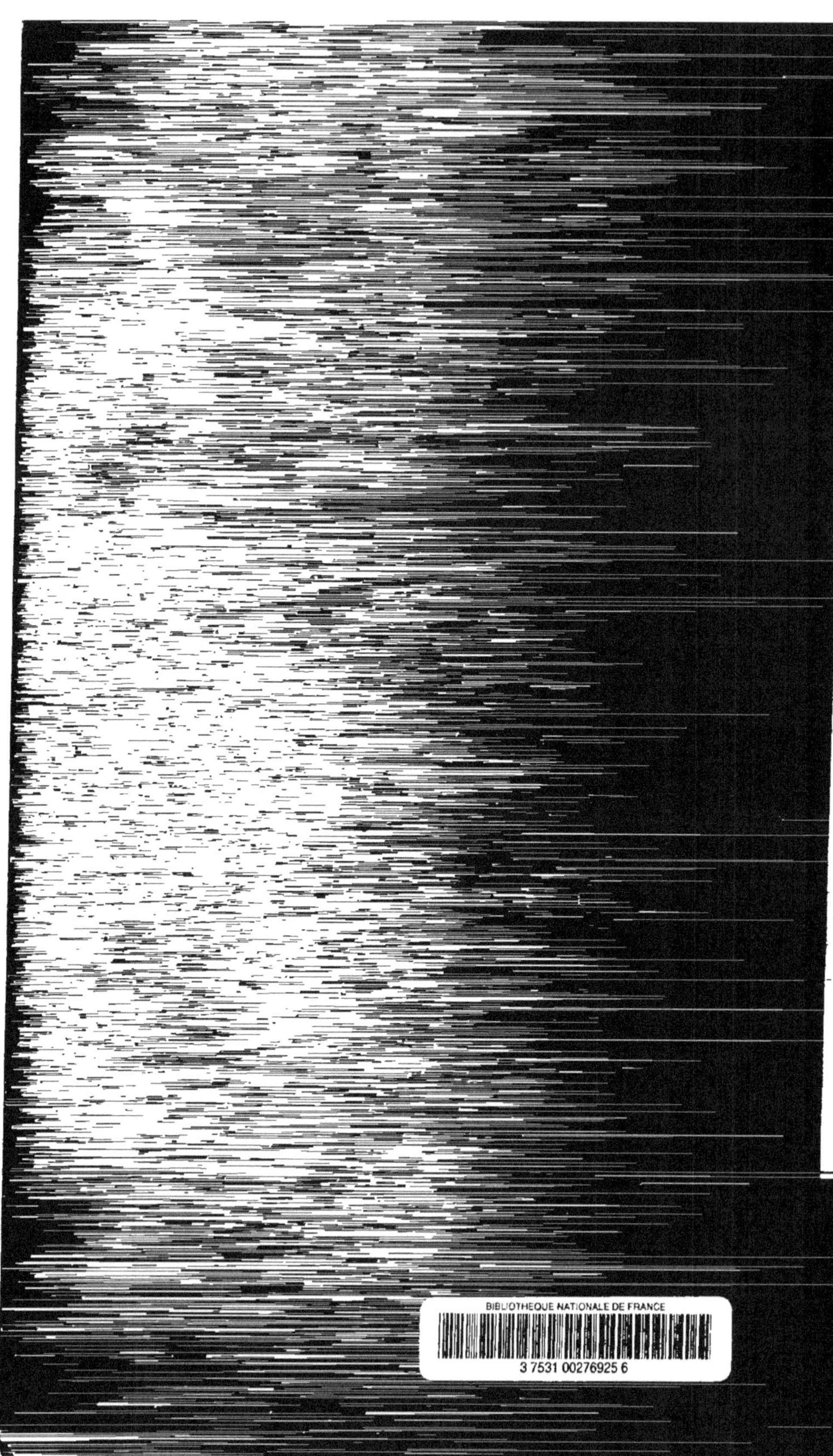

www.ingramcontent.com/pod-product-compliance
Lightning Source LLC
Chambersburg PA
CBHW061240030726
47595CB00004B/1632